一 看 就 懂 的 历 史 通 识 绘 本

衣食住行里的中国

食

猫猫咪呀 编绘

YI SHI ZHU XING LI DE ZHONGGUO
SHI

首批全国优秀出版社　农村读物出版社
中国农业出版社
北京

序言

衣食住行是人们亘古不变的话题，是我们每天都要经历的生活内容，是日常生活最基本的需求。我们穿着的衣服，吃的食物，居住的家，以及我们乘坐的交通工具，所有的一切都是从何而来？几百几千年前的人们生活的环境又和我们的有什么不同？我们今天享受到的美好生活是怎样一点点演变而来的呢？中国历史悠久，中国人的衣食住行的演化发展也有着丰富而又深刻的文化内涵。

这套书根据衣、食、住、行四个主题分为四册，对古代的服饰和配饰、饮食和器具、房屋和起居、交通方式和交通工具等进行了系统性的梳理和讲解，包含的知识点有将近四百个，涉及了历史、文学、天文、自然等多个领域。每一册的内容又分为两部分，前一部分着重讲述的是衣食住行在我国从人类诞生起一直到现代的发展史；后一部分我们抛开时间轴，横向延伸出了一些孩子们感兴趣的知识点，比如古人没有洗衣粉，是怎么洗衣服的？不同民族和地域的小朋友，他们居住的房屋又有什么不同呢？还有一些很有中国特色的话题，比如"春运"这种中国独有的奇特现象是怎么形成的？桥有很多，但我们中国古代的桥又跟国外的桥、现代的桥有什么不同呢？这些问题，是不是听起来就很有趣？让孩子由兴趣引领来阅读，对知识的理解会更容易，也更透彻。

作为图解读物，书中大量精彩、生动的手绘插图将知识点描述得简明直白，着力为孩子们呈现出隐藏在日常点滴背后的历史和生活常识。科学、合理的版式设计使了解知识的过程变得更加轻松和有趣。富有美感的图画，鲜明的形象，丰富的色彩，在传递知识的同时启发美育，熏陶美感。

比如清代的"放哇哈"，要解释清楚具体怎么做，恐怕要用上几百字。但是看到图画孩子就会明白——哦！原来这种跪拜礼是要先拍拍两边的袖子，然后再甩甩胳膊啊。所有繁琐的文字，都不

及一张简洁明快的步骤图表达得更直接准确。再比如，"布衣始祖"黄道婆这样一位传说中的人物，如果要用文字表达她的一生，那可能需要一本书的篇幅，但是将她的生活轨迹融入图画之中，就如同漫画一样，融情于景，读者轻轻松松就能领悟到故事的精髓。

对于很多从小衣食无忧的孩子来说，日常生活中的很多事情都是只知其然而不知其所以然。他们吃过香喷喷的米饭，却不知道米饭竟然是从一粒种子慢慢生长而来的。春秋时有老者讽刺孔子的弟子子路"四体不勤五谷不分"，意思是说就算满腹诗书，却缺乏劳动意识，连粮食的种类都分不清楚，又怎么能说是学识渊博的读书人呢？所以，我们希望这套书带领孩子们从最日常的衣食住行学起，脚踏实地地掌握身边的知识和学习的思路，为孩子将来更为宽泛和系统的学习打下基础。

说起来，这套书完成于一年之中最好的季节，也希望阅读的快乐能同这和煦的阳光一样，照耀到每位小读者的心底。

猫猫咪呀

目 录

时代篇

"吃"一向都是中国人聊天中绕不开的话题。中国的饮食经过几千年的发展，已然形成了一种文化，且内涵丰富。

旧石器时代

（距今约 300 万—约 1 万年前）

尧舜禹时代

（约前 4000—约前 3000）

好香啊！

春秋战国

（前 770—前 221）

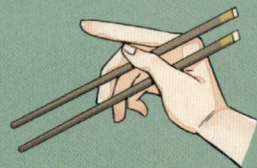

汉

（前 202—220）

新石器时代

（距今约 1 万—2000 多年前）

夏商西周

（约前 21 世纪—前 771）

秦

（前 221—前 207）

隋唐
(581—907)

乾隆

这道菜叫什么名字好呢?

元
(1271—1368)

清
(1644—1911)

三国两晋南北朝
(220—589)

宋
(960—1279)

明
(1368—1644)

采果子

采集果实

这时，人们主要靠采集野生植物的种子、果实、块根和捕获动物为生。农耕还没有出现，人们的饮食还要仰仗大自然的恩赐。

捕猎动物

茹毛饮血

在旧石器时代早期，由于工具粗陋、经验不足，人们对体型较大的动物还缺乏狩猎能力，肉食的来源多取材于小动物，有时也可能去拣取一些大型食肉动物的剩食。在火还没有被发现并利用之前，人们还是要连毛带血地生吃动物的肉。

捕捞鱼虾

生火烤肉

煎制食物

大自然的恩赐——我们的祖先发现了火

旧石器时代 （距今约 300 万—约 1 万年前）

　　饮食是我们人类生存的基本条件之一，但是人类诞生之初不懂种植，只能简单地利用自然界已经存在的一些资源。在人类可以人工取火之前，还只能吃生冷的食物。当时人们的饮食结构和狼等野兽相似，以肉为主。

钻木取火

　　到了旧石器时代中期，人们开始钻木取火，这也使得人类真正和其他动物区分开来。而到了旧石器时代晚期，史前居民的狩猎范围不断扩大，他们的饮食结构发生了明显变化。

准备易燃物和树枝（钻头）

将打孔的钻板放在火引子上

将树枝插入钻板上的孔中来回搓动

击石取火

　　或许是受到了制作石器时偶尔会迸发出的火花的启发，人类学会了击石取火的方法。当然，也不是任意两块石头相击都能击出火花点燃引火物的哦。

1、敲击"火石"

2、火花引火

3、吹气助燃

食物也是需要培育的 —— 农业和畜牧业的开始

新石器时代 （距今约 1 万—2000 多年前）

随着人类族群的发展壮大，对于食物的要求也随之增加，而天然的食品资源总有消耗殆尽的时候。于是，人们开始动手培育动植物，产生了农业和畜牧业的萌芽。

神农尝百草

传说神农氏采集各种植物的茎叶和果实，一一亲自尝试，扩展了食材的范围。其经验代代相传，口耳相授，终于在汉代形成了《神农本草经》。

发明冶陶技术

相传神农氏还发明了冶陶技术，从而为食物的发酵和烹饪提供了器具。《逸周书》佚文中记载了这个故事。而在此之前，人们还不会真正地"制造"器具。

开创人工种植

传说神农氏通过观察发现，扔在地上的瓜子、果核，在天气和土壤条件合适的情况下，会在次年长出新的植物。于是，他开创了人工种植，发明了耒耜等耕地工具，指导人们开始了农耕生活。

收割水稻

耕作

晒网

鱼叉捕鱼

撒网捕鱼

早期渔业和畜牧业

在新石器时代早期，人们开始织网捕鱼，渔业诞生了；人们也开始驯养牲畜，畜牧业诞生了。在农业和畜牧业出现之前，鱼、贝等水产品是人们赖以生存的重要食物，也因此，渔业占据着重要的地位。

驯养牲畜的人

最初的作料——上古时代也有"吃货"

尧舜禹时代 （约前4000—约前3000）

食物的可口程度除了依赖于原料之外，很大程度上也取决于烹饪的方法和加入的调料。盐、梅、糖、酒、醋是我国最先出现的五大烹饪调味品，而其中居于首位的盐，在新石器时代的仰韶文化中就已经出现了。

和制黏土

制作陶胚

生火做饭

黄帝发明蒸锅

劳动人民在长期的实践中发明了灶，从此，人们开始采用蒸煮的方式烹食物了。蒸这种烹饪方法在国外也被称中国蒸。

碎食工具的出现

此时，杵和磨盘已经出现，但无论捣还是砸，都还不能将粮食彻底变成粉末，因此还只算是"粒食"。不过食物的精细程度已经由此得到了极大的提高。

素食

素食原名"草素食"，是供平民食用的粗劣食品。当时粮食紧缺，狩猎结果往往没有保障，平民只好去吃那些随处可得的素食。

黄帝制盐

有了食物，又有了烹饪的器具，不能没有调味品吧？传说黄帝的臣子夙沙氏又发明了煮海水制盐的方法，使食物的滋味更加鲜美，且益于人体健康。

酒被发现了

在大禹担任部落联盟首领期间，酒作为饮料问世了。但可能这并不是人类的发明，而是上天的造化。据说，大禹饮酒后，百感交集，他认为酒是饮料中的极品，但多喝会乱人性情。

何以解忧，唯有杜康！

酒

一碗汤换来一座城

传说中最早的羹是黄帝首创的，但还可能只是没有味道的肉汤。有味道的"五味调羹"是彭祖发明的。传说尧得了厌食症，此时彭祖献上了一道以酱醋肉酱、盐和梅子调味的雉羹，让尧胃口大开。传说彭祖也因此受封于大彭。这就是著名的"雉羹献尧"。

爱卿的用心寡人看到了，莫谦虚，这奖赏你绝对当之无愧！

尧帝

彭祖

羡慕嫉妒恨哦！

要得君心，先得君胃，妙啊！

咱们也去学学厨艺？

觥筹交错的宴席 ——座位安排都是有讲究的哦

夏商西周 (约前21世纪—前771)

奴隶社会的统治者们利用权力占有了更多的生活资料。满足了温饱之后，他们开始追求食品带给人类的享受。这个过程虽不公平，但在一定程度上丰富了食品的花色品种。食物的意义不再只是满足人们的生理需求，摆宴席成为了上流社会交际应酬的重要方式。

稷(jì)

黍(shǔ)

稻

麦

菽(shū)

食品原料品种大幅增多

烹调原料显著增加，而且名称都是以"五"打头的，比如"五谷"（稻、黍、稷、麦、菽）、五菜（葵、藿香、蒜、葱、韭）等。除了主食品种增多，肉类品种也增多了，殷墟出土的6000多件动物骨骼中，哺乳动物就占了29种，而蔬菜除了白菜、萝卜，还有瓜、蔓青、芹菜等20多种。水果除了桃子、李子，还新增了栗、桑、杏、枣、柚等近30种。

菜园子出现了

到商代时，已经出现"圃"字，意为人工种植蔬菜的园子。到后来水果也越来越受到人们重视，所以到周代时，又有了果园。园圃，主要指为宫廷供应果菜的果园或菜圃。

甲骨文的"圃"

铜烹时代

此时期对烹饪起最大促进作用的发明是铜器，这也是中国饮食历史的分期点，标志着烹饪技术的进步。

锅

方座簋（guǐ）

带盘鼎

簋（guǐ）

人们开始摆宴席了

有别于人们出于生理需要而进行的一日三餐，宴席是基于人与人之间"礼"的关系而形成的就餐形式。其场面正规，社会和谐性质浓烈，讲究主客的座位安排和饮食器皿的选用，有的还有音乐和歌舞助兴，也被称为"钟鸣鼎食"。

醋 的 发 明 ——醋来源于酒

春秋战国 （前 770—前 221）

这是一个烽烟四起、战火连天的时代，也是群情逆发、文化灿烂的时代。在这个时期，老百姓的主要食物仍然是粮食和蔬菜，至于肉类，基本上仍然只是上层社会的食物。醋加入了调味品大军，使得中国菜的味道更加丰富。

好香啊！

黑塔

醋

黑塔造醋

在民间传说中，酿酒作坊的黑塔觉得酿酒后的酒糟扔掉可惜，于是就将其贮存在缸里，没想到过了 21 天之后开缸，却异香扑鼻，尝起来酸甜味美。黑塔以 21 日（廿一日）加"酉"字为它取名，于是"醋"就这样诞生了。

铁烹时代

这个时期冶铁技术突飞猛进，但铁质烹饪工具还未被广泛使用。对锅的改进幅度也比较大，铁质锅釜的问世催生了油烹法的盛行，使得国人的烹调技艺更加丰富成熟。

铁锅

古人是怎样酿醋的

古代的酿醋方法主要分为两种：熏制法是将发酵的醋糟火灶旁熏烤后倒入淋缸；而发酵法则是将糯米蒸熟后，继续其发酵及日晒浓缩而成。

追求极致的孔子

众所周知，孔子是儒家学派的创始人，同时也是一个于吃相当有追求的人，他有一套繁琐而严格的吃饭标准——陈旧变味的不吃，颜色不佳的不吃，气味不好的不吃，烹调方法不当的更不会吃，可以说是一位挑剔的美食家。

孔子

"冰箱" 出现啦——古代也能玩冰镇

秦 (前221—前207)

秦朝时期结束了数百年诸侯割据的混乱局面，大兴农田水利建设，使得中国的饮食历史也迎来了大变革时期。南北地区的饮食文化开始互相吸收交融。同时，人们也发明了不少方法，让食物的保质期有所延长。

秦人爱小米

秦朝时已经出现了五谷，但秦人最常吃的还是粟，也就是小米，而不是我们现在吃的大米和面。秦穆公时，晋国大旱，向秦国请求救援。秦国给他们的就是粟。

食物的贮存

早在原始社会，人们就发明了干制法来储存肉类，比如将其制成腊肉和干肉。再有就是醢(hǎi)藏法和熏藏法，而蔬菜只能通过腌渍延长储存时间。此外，还有冷藏法——两千多年前，人们就利用冰块能够吸热制冷的原理，发明了最早的"冰箱"，当时叫做"冰鉴"。

古代黑科技：冰鉴

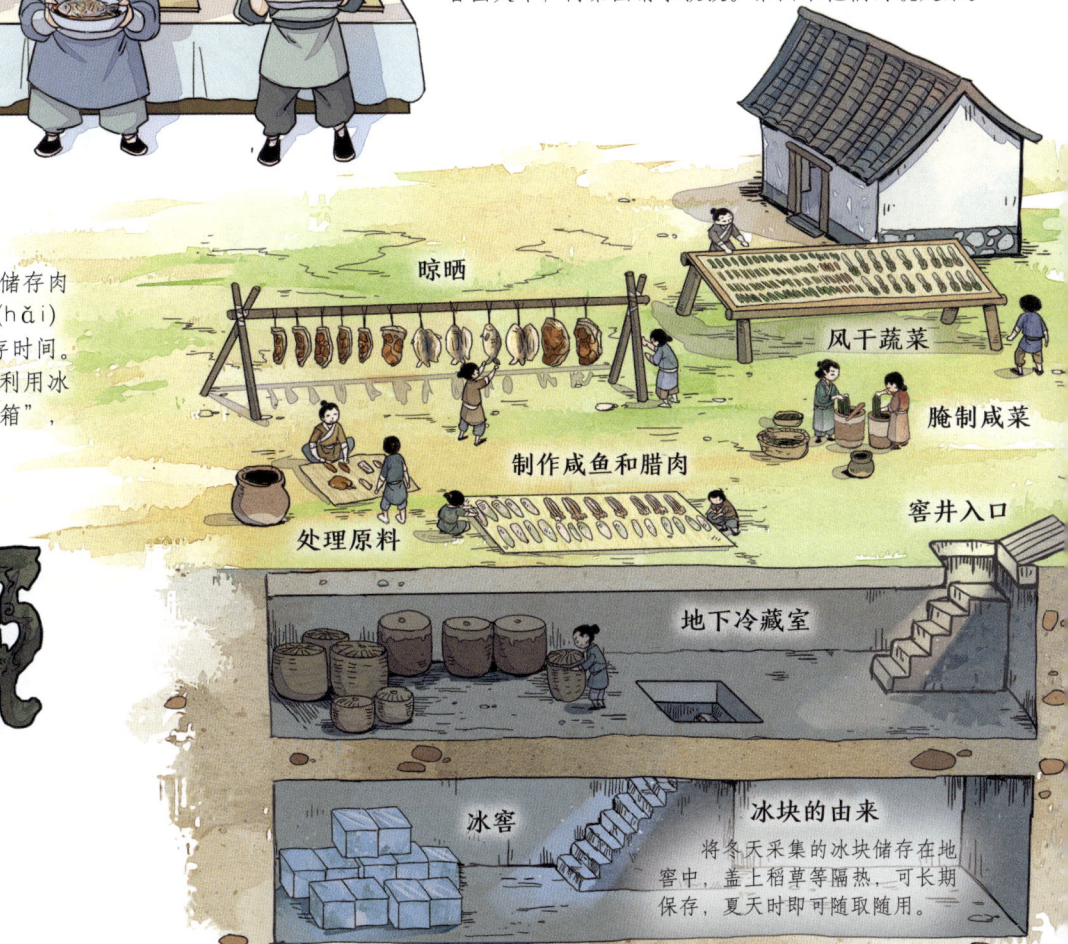

晾晒

风干蔬菜

腌制咸菜

制作咸鱼和腊肉

处理原料

窖井入口

地下冷藏室

冰窖

冰块的由来

将冬天采集的冰块储存在地窖中，盖上稻草等隔热，可长期保存，夏天时即可随取随用。

中国人的筷子——拿筷子可是有讲究的

汉（前202—220）

汉代时，由于中西饮食文化的交流，石榴、芝麻等大量蔬果、调味品和食物烹调方法传入内地。同时，人们对于吃饭的过程有了严格的规定，通过饮食礼仪体现等级区别。就连筷子这种中国最常见饮食工具的用法都是有讲究的。

筷子的演变

筷子的形态从诞生至今都没有太大的改变，材质却因使用者身份不同而有所区别。汉代普通人多用竹箸，而贵族则更多地使用铜箸。隋唐时期，以金、银、玉等名贵金属为材质的筷子纷纷出现。

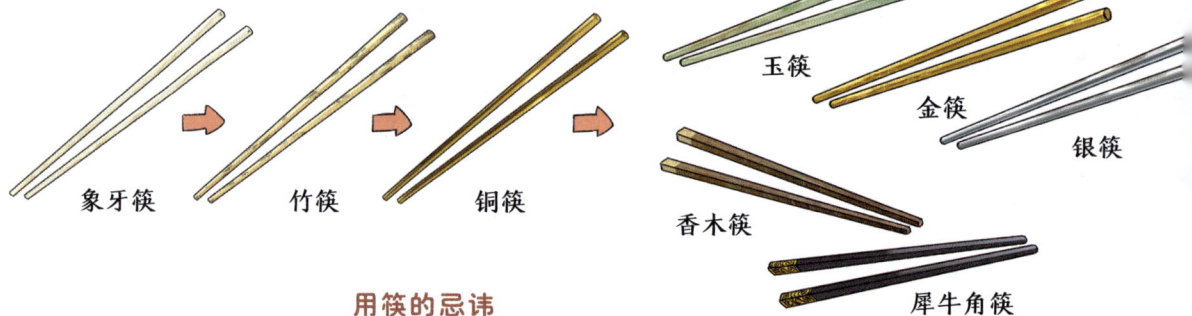

象牙筷　竹筷　铜筷

玉筷　金筷　银筷　香木筷　犀牛角筷

用筷的忌讳

据传说，大禹是使用筷子的第一人，但到了汉代人们才普遍使用筷子吃饭。筷子一头是圆的，象征天，一头是方的，象征地，寓意"天圆地方"，这也代表了中国人最初的世界观，而筷子的使用，也是有很多忌讳的：

三长两短
用餐前或用餐过程中，将筷子长短不齐地放在桌上，是不严谨和不礼貌的。

仙人指路
食指伸出，用其他指头捏住筷子，这是指责别人的意思，同骂人一样是不被允许的。

吧唧

品筷留声
将筷子的一端含在嘴里，用嘴来回嘬，并发出声音。这种行为会被认为是缺乏家教的表现。

击盏敲盅
用餐时用筷子敲击碗盘，会被认为是乞丐要饭的行为。因为过去只有要饭的才会用筷子击打要饭盆，提示行人给予施舍。

寒具(早饭)

过中(午饭)

晡(bū)食(下午三点)

两餐变三餐

战国秦汉以后，传统的一日两餐制开始转变为一日三餐。第一顿饭一般在黎明，第二顿饭在正午，第三顿饭大约在下午三点。

挂羊头卖狗肉

秦汉时羊肉位居诸肉之首，备受青睐。皇帝赏赐功臣也往往赐以羊肉。有些奸商专门弄虚作假，挂起羊头作为幌子，却贩卖价格低廉的狗肉，也由此诞生了"挂羊头卖狗肉"的成语。这个成语现在多用来形容表里不一、以次充好的行为。

我很贵！

羊肉铺

西域美食

汉代对外开放，张骞通西域之后，也从国外引进了石榴、葡萄、黄瓜、香菜、核桃等西域美食。此外，西汉时期还诞生了豆腐，元宵、烧饼等美味佳肴也是在秦汉时期出现的。

葡萄　香菜　黄瓜　石榴　核桃

两大饮料：奶与酒 ——曹操和白居易都好这口

三国两晋南北朝 (220—589)

这段时期历时三百多年，是中国历史上的大分裂、大动荡时期。永嘉之乱后中原移民南迁，加之五胡内迁时少数民族大规模迁往内地，使得游牧文化与农耕文化、中原文化与江南文化进一步融合，为饮食领域带来了许多富有生气的新鲜事物。

酪 (lào)　　酥　　醍 (tí) 醐 (hú)　　乳腐

乳制品传入中原

乳原本是匈奴的主要食物之一，传入中原后引发了"酪"和"酥"的出现，最终产生了"醍醐"，乳制品一度成为了人们比喻美好事物的象征。如唐朝刺史穆宁，因家教有方，他的四个儿子亲密无间，又都事业有成，人称其长子穆赞为"酪"，次子穆质为"酥"，三子穆员为"醍醐"，四子穆赏为"乳腐"。

晚起

（唐·白居易）
融雪煎香茗，
调酥煮乳糜。
慵馋还自哂，
快活亦谁知。

大诗人也爱喝牛奶

牛奶虽然出现得相对较晚，但却拥有众多粉丝。尤其是在佛教盛行的朝代，牛奶作为高蛋白的营养食品受到了人们的热烈欢迎。甚至连白居易、杨万里、陆游等人都着迷于牛奶，常常在自己的诗作中提及喝牛奶的快乐。

牛奶

白居易

全民饮酒

当时无论达官显贵还是平民百姓，都喜欢饮酒，并且一定要喝得烂醉才行。东吴末代皇帝孙皓就是一个大酒鬼，终日长醉不醒。他不但自己喝酒，还命令参加酒宴的大臣们也必须不醉不归。西晋的竹林七贤经常在山阳县的竹林中肆意畅饮。诸葛亮曾经写家书告诫亲人：饮酒一定要节制，不要贪杯。

今天不喝醉不许回家！

孙皓

僧尼开始食素

南北朝时期，由于梁武帝以身作则的倡导，形成了僧尼吃素的风气。据说梁武帝笃信佛教，曾四次舍身佛门。在此之前，僧尼们的戒律中并没有不许吃肉这一条。

每日食素，清心寡欲。

我可是全能选手！

官渡泥鳅
天下归心
曹操鸡

曹操　　**酿酒大师——曹操**

三国时期的政治家曹操也是一位具有"多重身份"的名人。作为美食家的他专门撰写了一部《四时食制》，其中记载了遍布当时的魏、蜀、吴三国的美食。同时他还擅长酿酒，堪称行家。如今流传下的三国著名菜肴，大半相传都与曹操有关，例如官渡泥鳅、曹操鸡、天下归心等。

夏日有冷饮——千年前的"老冰棍"

隋唐 (581—907)

隋唐时期是我国封建社会的鼎盛时期，饮食领域也是百花盛开，异彩纷呈。此时食物的品类空前丰富，温室蔬菜和人造冷饮也源于此时。人们开始研究食物与颜值之间的关系，不少"时尚达人"也应运而生。

千年前的冷饮

每到夏天，吃冷饮就成为了人们的喜好。你是不是以为古代人就没有这样的享受？错！其实早在唐代的时候，咱们中国就出现了大量的冷饮，味道也还不错哦！

"老冰棍"

古人是智慧的，他们在大木桶里放上冰，再撒上盐防止冰块融化。之后将盛满了糖水的小铁盒放入桶中，插入小木棍方便手持。待糖水凝结成冰，就成了凉爽沁心的"老冰棍"咯！

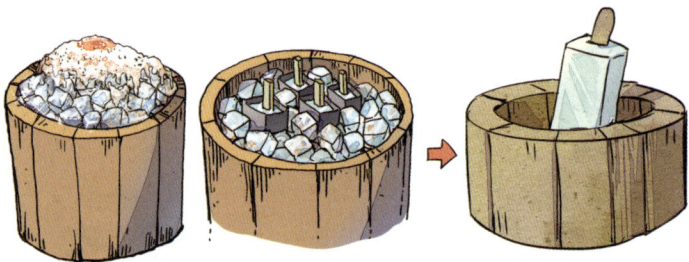

制作"老冰棍"

"奶油冰激凌"（酥山）

没想到吧，唐代还有类似牛奶冰沙的冷饮呢。《饮膳正要》中有记载，要将牛奶反复熬煮，捞取上层凝固的酥（奶酪），然后将其软化，滴淋在盘中，成山形后放入冰窖冷冻即成酥山。大厨还可以根据贵族们的需求，将其染成各种颜色，看起来更加赏心悦目。

酥山（口感类似牛奶冰沙）

"酸梅汤"（玄饮）

唐《大业杂记》中记载"先有筹禅师……仁寿间常在内供养，造……乌梅浆为玄饮。"这玄饮也就是酸梅汤的前身。将乌梅浸泡去除烟熏味，再和洛神花、山楂干、冰糖、陈皮等物同煮，过滤后撒入干桂花，就成了一杯清凉解暑的夏季饮料了。

玄饮（酸甜开胃）

荔枝

葡萄酒

热衷食补的杨贵妃

唐玄宗的宠妃、中国四大美人之一的杨玉环对于养生之道很有研究，她不但经常泡温泉保养皮肤，也很懂得利用食物达到美容的目的。传说杨贵妃平生最爱吃两种东西，其中一种是荔枝，当中富含维生素 C，可以祛斑美白；而另一样则是胶原蛋白满满，可以增加皮肤弹性的鸡翅。除此之外，民间还流传着杨贵妃爱喝葡萄酒以及服食阿胶羹的说法。

美味的烧烤

隋朝时的人热爱烧烤，当时可烧烤的食材有牛、马、驴、羊、鹿、鹅、蛙、鱼、蚝、蚌蛤、蝤蛴（yóu qí 天牛的幼虫）、大貘(mò)、茄子等，甚至还有"驼峰炙"，可以说只有想不到没有烤不到。

合食制

隋唐之前，人们一直实行"分餐制"，西晋后期的五胡内迁，让床榻、桌椅进入了中原，隋唐以后人们不再席地而坐，而是围着桌子，坐在椅子上一同吃饭。不过，分食制也没有马上消失，直到宋代，合食制才真正普及。

文艺吃货——杜甫

在杜甫的诗歌里常见关于食物的生动描写。《阆乡姜七少府设脍戏赠长歌》中的生鱼片，《病后遇王倚饮赠歌》中的家常便饭，《赠卫八处士》中战争年代的宵夜等等，不胜枚举，堪称是位文艺型的美食家了。

喜欢下馆子的宋人 —— 公筷革命的开始

宋 （960—1279）

宋是我国饮食文化承上启下的朝代。当时的食物品种丰富，东京城里就有200多种，夜市里有很多小吃，夏季还有冷饮，可以说是应有尽有。宋代的主食和现代吃的差不多，北方以面食为主，而南方则以稻米为主。

全民下馆子

宋朝的"城市白领"跟今日的"小白领"一样，也都不习惯在家做饭，都是下馆子或者叫外卖。《东京梦华录》中提到一百多家店铺，其中酒楼和饮食店占了多半数。即便是城市下层人士，也能从饮食店找到物美价廉的食品，比如血脏面、笋淘面、素骨头面等。

北宋吃羊，南宋吃鱼

北宋肉食以羊肉为主，这是由于与各少数民族相互交往的缘故。而到了南宋，除了上层依然保持吃羊肉的习惯之外，普通百姓更青睐便宜又美味的鱼肉。

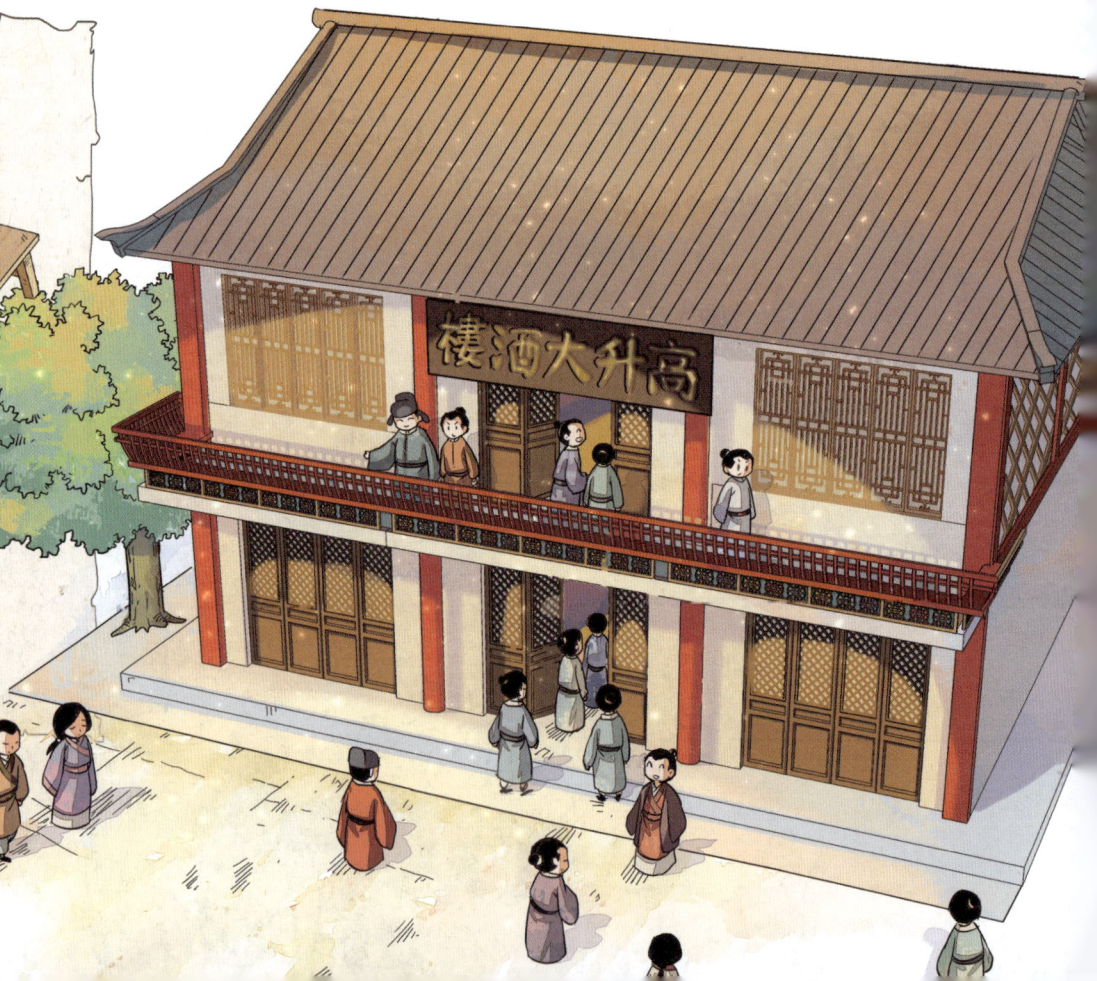

远销欧美的火腿

火腿相传是宋代名将宗泽的发明。宗泽返乡回京后，带了几块老家的咸肉献给皇上品尝，皇上切开后见肉色鲜红似火，尝之味道鲜美，赐名为火腿。这道美食不仅在中国流传，后来还远销到了欧美。

宗泽

香甜的爆米花

一边看电影一边吃着爆米花，是现代人生活里一件颇为惬意的事情。但爆米花这种香脆可口的膨化食品并不是现代的发明，早在宋朝起就已经出现了。当时的爆米花叫"熬秺"，除了食用，还可在新年时用来卜知一年的吉凶，姑娘们尤其喜欢用它来占卜自己的终身大事。

宋高宗的公筷革命

在现代文明社会，我们倡导餐具要"一分二公三自带"，鼓励分餐制，使用公筷公勺，订外卖或聚餐时自带筷子，减少一次性筷子的使用。其中公筷的使用就源自南宋。当时的皇帝宋高宗用餐时要使用一套筷勺作为公筷夹菜到自己盘中，然后再用另一套筷勺将菜吃光，而剩下的饭菜则赏给宫女。

宋高宗

苏东坡和东坡肉

苏轼的诗词家喻户晓，同时，他也是中国古代最著名的一位美食家。以其号命名的东坡肉、东坡羹、东坡豆腐、东坡虾等足以显示他在做菜方面的造诣。苏轼爱吃，也敢吃，很多人都害怕河豚的毒性，唯独苏轼不但喜欢河豚，还将其写到了诗中："蒌蒿满地芦芽短，正是河豚欲上时。"（节选自《惠崇春江晚景》）

苏轼

东坡羹　东坡肉　河豚　东坡虾　东坡豆腐

葡萄酒的盛世——忽必烈功不可没

元 (1271—1368)

作为一个疆域空前广阔、各民族大融合的朝代，元代饮食文化也呈现出南北交融的态势。都城中茶楼、酒楼林立，普通城市乡镇的酒肆、茶坊和饭店也很常见。涮羊肉、月饼、烤鸭、烤全羊等美食纷纷出现，而葡萄酒的盛世也由此到来。

酷爱葡萄酒的忽必烈

元代时饮茶已成为各民族、各阶层共同的嗜好。饮茶有"点""煎"之分，其中"煎"是宋代没有的。此外，除了粮食酒之外，马奶酒、葡萄酒、药酒也开始盛行。其中，葡萄酒早从西汉时期就已引进，经历了唐朝时期的辉煌，在元代达到了鼎盛。

忽必烈

渎山大玉海

马奶酒　葡萄酒　药酒

相传元世祖忽必烈为了方便喝葡萄酒，不仅在自己的行宫建造了专门的葡萄酒室，更在殿里放了一口名为"渎山大玉海"的黑玉酒缸，专门用于盛放葡萄酒。

古代葡萄酒的酿造

能够美容养颜、促进消化的葡萄酒古往今来一直颇受人们的欢迎。这种香甜可口的美酒在古代是怎样酿造出来的呢？我们可以通过下图来了解一下。

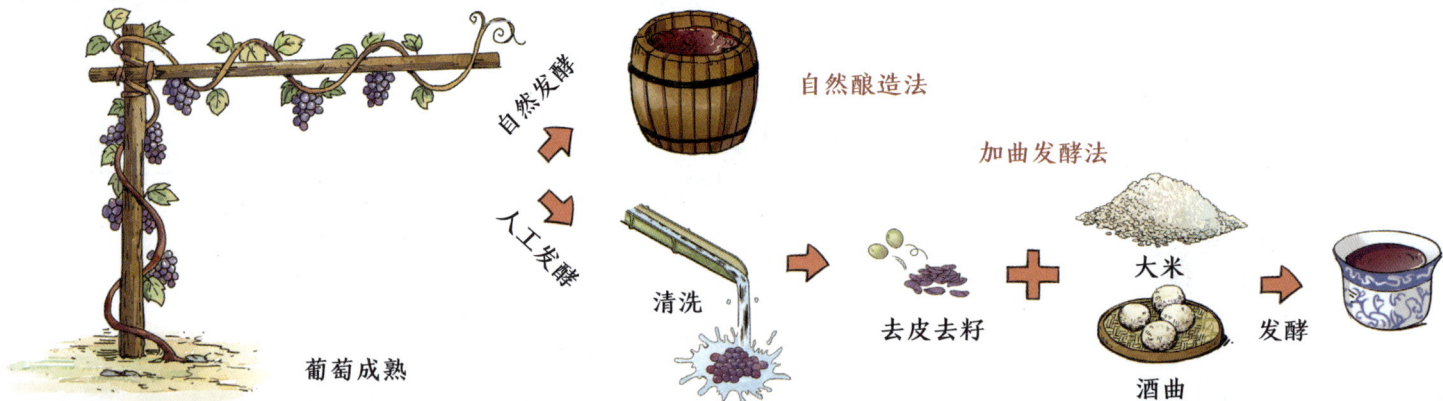

葡萄成熟　自然发酵　人工发酵　自然酿造法　清洗　去皮去籽　加曲发酵法　大米　酒曲　发酵

摆个宴席谈国事

元代在蒙统治者的带领之下，宴会之风更盛。按照蒙古习俗，国家大事都在宴会上讨论决定。其中由蒙古大汗和元朝皇帝在节庆或其他重要日子举行的大型宴会，称作"诈马宴"或"质孙宴"。宴会的盛行，更促进了饮食业的发展。

一起来看看，宴会上都有哪些美食？

奶茶

奶食

手把肉

烤羊排

辣椒来了——这得感谢郑和

漂洋过海的辣椒

　　辣椒原产于美洲，后来由哥伦布带入了欧洲。我国对于辣椒最早的记载出自航海家郑和的随行翻译马欢，因此有说法认为辣椒有可能是郑和从国外带入我国的。无论真实与否，辣椒确实是伴随着明朝的海外贸易来到了中国。不过，辣椒在此后相当长的时间里只是作为观赏植物栽培，直到清代才逐渐进入了中国人的饮食当中。此外，由于明朝对外贸易的活跃，胡椒、南瓜、玉米等食物也在此时纷纷传入我国。

番椒（辣椒）

番瓜（南瓜）

番茄

番麦（玉米）

番薯

丰富多彩的民间美食

　　明代的食物种类十分丰富，有主食、菜肴、点心、干鲜果品等280多种，茶50多种，酒数十种，当时的文献中提及的饮食行业就有20多个。光是一个鸡蛋就有摊蛋、煨蛋、洒蛋、糟蛋、蒸蛋、煮蛋等多种做法。

鸡蛋的各种做法

摊蛋

煨蛋

洒蛋

糟蛋

蒸蛋

煮蛋

本店经济套餐四菜一汤。

四菜一汤

相传，用来待客的"四菜一汤"，最初是由明太祖朱元璋提倡的。为营造廉洁的社会氛围，朱元璋特意在马皇后的生日宴会上摆出四样素菜和一道豆腐汤，以此警示文武百官。朱元璋当场宣布，以后官员请客就要以此为榜样，不得铺张浪费。从此"四菜一汤"的规矩也从宫廷流传到了民间

日收十万钱好开心！

朱元璋

朱元璋与宫廷菜

相比发展得风生水起的江湖菜来说，明代的宫廷菜也不遑多让，这还要归功于明朝的开国皇帝朱元璋。据《明大政纪》记载，朱元璋在1394年下令在当时的京城（今南京）修建了十座大酒楼，装修极其奢华，甚至还设有水上流动餐位，却将经营权交给民间商人。有了皇室的"代言"，这些酒楼人气爆棚，以至于"日收十万钱"。

吃喝玩乐在酒楼

因为社会物质的丰富，文化的繁荣，饮食在民间也逐渐走出了"吃"的局限，成为一种独特的娱乐方式。这与此前相比有了很大的进步，据古诗中描述，明代酒楼还有懂礼仪和乐舞的歌女助兴。

李家酒楼

吃不完的满汉全席——光菜品就有108种

清 (1644—1911)

到了清朝，至高无上的宫廷皇族及贵族为了显示其尊贵无比的地位，在饮食上也是标新立异，其中满汉全席达到了清代宫廷菜宴的极致。从宫廷菜的品种来看，明代以汉菜为主，偏于苏皖风味，到了清代则是满汉合璧。

爱为食品冠名的皇帝们

自康熙起，清朝最高统治者就十分注重食品的名字。相传江苏吴县产的一种好茶，康熙听说它叫"吓煞人"后直接为其更名为碧螺春，而"臭豆腐"则被赐名为"青方"。康熙的孙子乾隆皇帝也很喜欢给菜肴起名。由此，民间餐馆也逐渐效仿，起菜名成了一门学问。

震"代"之宝——满汉全席

满汉全席原是指清代宫廷中举办宴会时满人和汉人合做的一种全席。满汉全席上的菜品一般起码有108种（南菜54道和北菜54道），分三天吃完。满汉全席菜式有咸有甜，有荤有素，取材广泛，用料精细，山珍海味无所不包。

这道菜叫什么名字好呢？

康熙

老字号

清朝饮食业发达，沿海的一些城市甚至开始经营起了西餐，当中也不乏一些至今仍屹立不倒的百年名店。比如清朝同治年间开业的全聚德烤鸭店，其"烤鸭全席"堪称一绝。

全聚德烤鸭

五花八门的茶馆

从清代到民国，茶馆明显增多了，尤其是在京城，各式各样的茶馆几乎遍布了所有角落。这里也成了文人雅士的好去处。而其种类也是千差万别，各有千秋。

大茶馆

类似老舍笔下的《茶馆》，门面开阔，不但可供顾客品茶下棋、闲聊，还能提供饮食和住宿。

书茶馆

每日有两场评书开讲，开讲前卖茶，兼售茶点等。

戏茶馆

设有专门的戏台，以艺人演出的方式吸引更多的顾客。这里只收茶钱和小吃钱，不卖戏票，演员的收入由茶馆支付。

功能篇

滑嫩的豆腐、软香的包子、撩人的火锅……这些都是中国人餐桌上常见的菜肴，那么，你知道它们背后的故事吗？正月十五的元宵和汤圆，端午的粽子，还有中秋的月饼……美食已经成为了融入中国人骨子里的文化。

滑嫩豆腐

软香包子

迷人火锅

节日美食

食的古语

奇怪的美食

中华美食：豆腐——炼仙丹的意外之作

炼丹不成反得豆腐

　　豆腐的发明者刘安是汉高祖刘邦的孙子，他一心向道，想要炼成不老仙丹。他召集了数千名方术之士，用山泉水磨制豆汁，想用豆汁培育丹苗。没想到豆汁和石膏起了化学反应，形成了豆腐的雏形，吃起来还颇为美味。经过刘安的反复试验，豆腐的前身"菽乳"诞生了。

形色各异的豆腐

　　豆腐按照使用凝固剂的多少，可以分为北豆腐、南豆腐、内酯豆腐等；按照制作工艺和原料的不同，又可分为绿豆腐、观音豆腐、毛豆腐、霉豆腐、黄豆腐、灰豆腐等。

凝固剂用量不同

北豆腐

南豆腐

内酯豆腐

制作工艺和原料不同

绿豆腐

毛豆腐

灰豆腐

观音豆腐

霉豆腐

黄豆腐

豆腐的制作过程

第一步：泡

将黄豆去壳洗净，并在水中浸泡十个小时以上。

第二步：磨

待豆子泡涨后加入一定比例的水，磨成生豆浆。

第三步：滤

用纱布袋将磨出的豆浆装好，并用力挤压，分离出豆渣。

第四步：煮

将过滤后的生豆浆放入锅中煮沸，并撇去泡沫，温度控制在90—110℃。

第五步：点

在煮好的豆浆中加入盐卤或者石膏，凝固后就成为了豆腐脑。

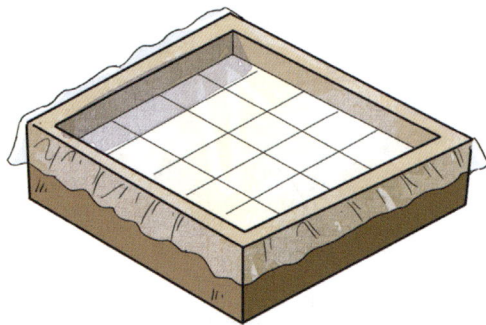

第六步：压

把豆腐脑放进模具中，用布包裹，盖上木板挤压出水分，豆腐就成型了。

中华美食：包子——南北之争又要上演

要说中国人餐桌上必不可少的一样食物，很多人会想到包子。这种由面皮包裹着馅料的传统面食看似简单，却凭借其松软的口感和"万物皆可包"的卓越兼容性征服了南北食客们刁钻的胃口。

诸葛亮与包子

包子相传是由三国时期的蜀汉丞相诸葛亮发明的。据说诸葛亮南征时在泸水遇到滔天风浪，无法渡过，当地人说必须用人头投水祭祀。诸葛亮为了不牺牲士兵性命，将牛肉和猪肉混在一起做成肉泥，和入面中，做成了人头形状蒸熟后投水祭江。这种被称为"蛮头"的食品就是最初的包子。

是包子还是馒头？

北方

叫法：
没有馅的——馒头
有馅的——包子

形状：
一般比较大，常人吃两个足以果腹。

馅料：
北方包子多以肉馅为主，蔬菜为辅。

南方

叫法：
吴语区——有馅没馅统称馒头
某些地方——肉馅的称为肉馒头

形状：
较小而精致，五六个南方包子可抵上两个北方包子。

馅料：
南方包子多以蔬菜馅为主，肉为辅。

包子　馒头

馅

蔬菜　肉

肉馒头　馒头

蔬菜

肉

广东叉烧包

天津狗不理包子

用猪油、白糖和面做皮，入口即化。

四川韩包子

开封灌汤包

南翔小笼包

山东水煎包

新疆烤包子

迷人的火锅——热气腾腾，琳琅满目

"铜鼎"

第一种说法：三国或魏文帝时代
所谓的"铜鼎"，就是火锅的前身。

追根溯源

火锅在中国已经有近两千年的历史，关于它出现的时期，有两种说法。

"斗"

第二种说法：东汉
文物"斗"就是指火锅。

火锅变迁史

火锅发展到现代，无论是食材还是烹饪方式，都经历了巨大的转变。战国时期的人们用青铜鼎煮狗肉火锅，汉代出现的鸳鸯火锅避免了串流行至今。而大家都喜爱的涮羊肉是在元世祖忽必烈在位时期才流行起来。

广东海鲜火锅

苏杭菊花火锅

云南滇味火锅

重庆毛肚火锅

北京羊肉火锅

浙江八生火锅

杭州三鲜火锅

海南椰子鸡火锅

东北白肉火锅

香港牛肉火锅

上海什锦火锅

山东羊汤火锅

节日的美食——从春节到端午

春节

农历正月初一

春节是中国人最重要的节日,家家户户都要打扫卫生、张灯结彩、贴春联、采买年货。除夕夜的年夜饭可以说是最重要的"保留节目"。这顿团圆饭一般都有鱼,意味着"年年有余"。此外,我国还有农历新年吃年糕和饺子的习俗。

鱼

饺子

元宵节

农历正月十五

海上生明月,天涯共此时。元宵节在中国人的概念里,一向是要一家老小一同吃元宵的,寓意团团圆圆、平平安安。同为糯米团子,在南北方却有着不同的叫法和做法。

南方称之为汤圆,需要手工包馅制成。而北方的元宵则是用类似滚雪球的方法制成的。

元宵

看花灯

春龙节

农历二月初二

又称龙抬头。自古以来人们都将龙抬头时节作为一个祈福纳祥、转运的日子。这一天，某些地方有炒糖豆的习俗，家家户户都要用糖炒花生和黄豆，还有的爆玉米花，香甜可口。此外，还有在这一天吃春饼、龙须面等习俗。

黄豆

玉米花

春饼

龙须面

上巳节

农历三月初三

俗称"三月三"，相传这一天是黄帝的生日，为了纪念黄帝，人们逐渐形成了临水聚餐、郊外春游的习俗。此外，还要吃一种蔬菜——荠菜，因为荠菜不但是时令蔬菜，更谐音"聚财""吉菜"，还被认为能祛除冬天积聚的寒气。

荠菜

端午节

农历五月初五

这个由祭龙演变而来的节日融合了楚国诗人屈原跳汨罗江的传说，蕴含着深厚的文化内涵。端午节的美食除了粽子之外，还有雄黄酒、五黄、打糕、煎堆等。

打糕

粽子

清明节

公历4月5日前后

这是中国最隆重的祭祖节日，兼具自然节气和传统文化两方面内容。至于节令食品则有着南北方的差异。北方部分地区保留着寒食节的习俗，在这一天要吃冷食。而南方则是流行吃青团。还有的地方要吃藕和豆芽，寓意蚕宝宝吐丝结茧和生财"发家"。

青团

赛龙舟

节日的美食——从七夕到小年

七夕节

农历七月初七

牛郎织女的美丽传说，给七夕节增添了不少浪漫的色彩。在这个传统节日里，人们要拜七姐，祈福许愿、乞求巧艺，此外，还要摆设巧果，制作织女形状的酥糖，吃巧巧饭。

酥糖　　　　　　　巧巧饭

中秋节

农历八月十五

中秋佳节，原本是人们拜祭月神的节日。而月饼，就是拜祭所用的贡品，无论何种馅料，它都象征着大团圆。如今，吃月饼已成为我国各地过中秋节的必备内容。

月饼　　　　　　桂花酒

重阳节

农历九月初九

　　如今重阳节已经成为了敬老节。古时候人们会采下初开的菊花和枝叶，和粮食一起用来酿酒，等到来年九月初九这天饮用，据说可以延年益寿。这天还有登高避灾的习俗。"糕"与"高"同音，又有"步步高升"的含义，所以这一天还流行吃"重阳花糕"，以替代爬山的做法。

菊花酒

冬至

公历 12 月 21 日至 23 日

　　冬至是冬天的大节日，甚至有"冬至大如年"的说法。我国北方一直有冬至吃饺子的习俗，也有一些地方流行吃羊肉驱寒。而江南水乡则习惯在冬至这天吃红豆糯米饭，台湾地区则会将面捏成象征福禄寿的动物，名为糯糕，用以祭祖。

饺子

麻糍

冬酿酒

糯糕

红豆糯米饭

腊八节

农历腊月初八

　　腊八是典型的北方节日，在这一天里人们忙着剥蒜制醋，泡腊八蒜。当然，再来一碗用料丰富、香气扑鼻的腊八粥是最好不过了。

腊八粥

腊八蒜

祭灶节

农历腊月二十三

　　又名小年，传说中每年灶君都要在此时回天庭述职，禀告人间是非，因此人们多会在这天跪拜灶君。小年流行吃灶糖，这是一种麦芽糖，长条形的叫关东糖，扁圆形的叫做糖瓜，吃起来甜香酥脆。

糖瓜

关东糖

关于"食"的古语——望梅真能止渴吗?

曹操

望梅止渴

意思是因为梅子酸,人想到吃梅子就会流下口水,因而止渴。后用来比喻愿望无法实现,用空想安慰自己。

相传东汉末年,曹操领军出征,遇到了百里荒原,没有任何水源。为了缓解士兵们的饥渴,曹操鼓励士兵们说"翻过前面那座山,就会有吃不完的梅子"。士兵们想象梅子的味道,都流出了口水,于是借着最后的力气前进到了有水的地方,却发现这里并没有梅子树。

废寝忘食

意思是专注于某件事情,以至于顾不得睡觉,忘记了吃饭。传说孔子周游列国时来到了叶邑。当地的令尹叶公向孔子的徒弟子路打听孔子的为人,子路一时没有回答。听说这件事后,孔子说"你为什么不回答他:'孔子他努力学习,以至于忘记了吃饭'这样的话呢?"

孔子

嗟!来食。

黔敖

不食嗟来之食

《礼记》中的一个小故事,说的是齐国闹饥荒的时候,黔敖在路边准备好饭食,招呼一个饥饿的人:"喂!快来吃吧!"没想到被对方谢绝了,并说自己正是因为不愿吃别人施舍的食物,才会饿成这样。黔敖追上去道歉,但这个人最终还是饿死了。现在这个古语多用来形容做人有骨气,讲自尊。

奇奇怪怪的美食——食物不可貌相

中国美食名满天下，不但色、香、味俱全，很多美食的名字也都十分"奇葩"。在这些"奇奇怪怪"的美食背后，隐藏着特别的文化和历史寓意。

驴打滚

看名字是不是不太敢吃？其实驴打滚是一道软糯的甜品，因为其表面蘸裹的黄豆面形似野驴打滚时扬起的尘土，才得此名。

臭豆腐

豆腐都臭了还能吃吗？答案是：能！臭豆腐源自长沙，豆腐坯用发酵水浸泡后炸熟，滴入辣椒油，外焦里嫩，又臭又香。

臭鳜鱼

这道菜能让整个饭馆都飘荡着特殊的味道。臭鳜鱼是用腌好的鳜鱼制成的，闻起来臭，但吃起来却很鲜美。

三大炮

三大炮不是武器，指的是将糍粑扔向案板时发出的类似火炮开炮的声音。给做好的糍粑团浇上浓汁后，一碗勾动食欲的三大炮就做成了。

石子馍

石子馍不是石头，它可是一道油酥咸香的经典美食。因为饼坯是放在烧热了的石子上烙制成的，故而得名。

biáng biáng 面

"关中八大怪"之一："面条像裤带。"其面条的制作过程需要拍、扯、拉，在案板上发出 biáng biáng 的声音，因此得名。

← biáng字的正确写法

棺材板

这又是一道被菜名耽误的美食，其实就是有馅儿的炸面包，是由中西合璧的鸡肝板经过改良而成，形似棺材。

撒尿牛丸

这是一种用牛肉和虾肉做成的丸子，馅料中蕴含汤汁。所谓"撒尿"就是指爆浆，用力咬下去丸子就会喷出汤汁，是不是很有画面感呢？

图书在版编目（CIP）数据

衣食住行里的中国：一看就懂的历史通识绘本．食 ／
猫猫咪呀编绘．—— 北京：农村读物出版社，2023.2（2025.11重印）
ISBN 978-7-5048-5836-8

Ⅰ．①衣…　Ⅱ．①猫…　Ⅲ．①社会生活 - 历史 - 中国
- 少儿读物　Ⅳ．①D691.9-49

中国国家版本馆CIP数据核字(2023)第032740号

农村读物出版社出版

地址：北京市朝阳区麦子店街18号楼

邮编：100125

责任编辑：刘彦博

责任校对：吴丽婷

责任印制：王　宏

内容审定：李　凯

印刷：鸿博昊天科技有限公司

版次：2023年2月第1版

印次：2025年11月北京第 11 次印刷

发行：新华书店北京发行所

开本：889mm×1194mm　1/16

印张：3

字数：70千字

定价：20.00元

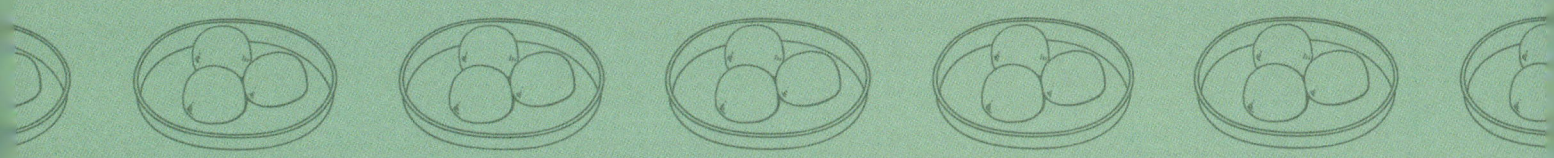

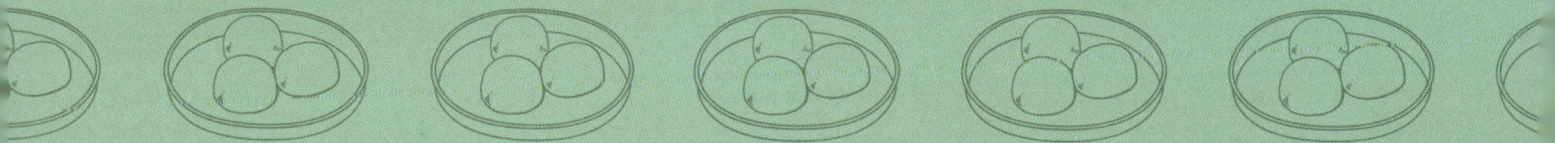